10 à 20
kilos de miel

C'est la production d'une ruche sur une année. Eh oui, les abeilles travaillent dur !

24 kilos
de fromage

Les Français aiment le fromage : ils en mangent 24 kilos par an ! Après les Grecs, nous sommes les plus gros consommateurs de fromage en Europe.

30
bouteilles

Une seule vache laitière est capable de remplir une trentaine de bouteilles de 1 litre par jour.

1,70 mètre
de haut

Les roues arrière d'un tracteur mesurent en moyenne 1,70 mètre de haut. C'est la taille d'un adulte.

25 millions
de cochons

On dénombre 25 millions de cochons en France, ce qui représente presque 1 cochon pour 3 habitants !

Pour Clémence et Julien,
mes p'tits fromagers en herbe.

Réalisation graphique : Jean-François Saada
Mise en pages : Mily Cabrol

Loi 49-956 du 16 juillet 1949 sur les publications destinées à la jeunesse.
Dépôt légal : 1er trimestre 2014.
ISBN : 978-2-7459-5840-2.

Wakou
ma p'tite encyclo nature

la ferme

Anne Lesterlin
illustré par Sébastien Pelon
et Laurence Bar

MILAN

Le sommaire

Suis-moi, la visite va commencer !

Cherche et trouve

Bienvenue à la ferme

La ferme abrite la famille de l'agriculteur, ses animaux et ses machines agricoles. Observe bien cette scène et retrouve les six dessins ci-contre.

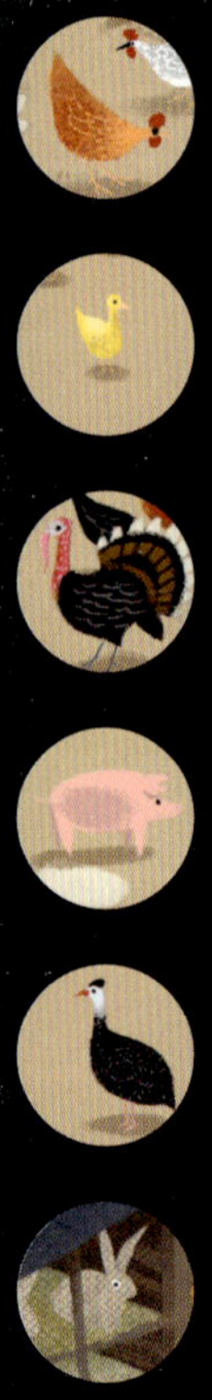

La maison
L'agriculteur habite à la ferme. Ses journées sont bien remplies : soin aux animaux, travaux des champs…

La basse-cour
Poules, oies, canards sont élevés pour leur viande, leurs œufs ou leurs plumes.

Le silo

C'est dans cette tour qu'est stockée la récolte de blé, d'orge ou de seigle.

La grange

On y entrepose la paille et le foin pour les animaux.

Le hangar

Il abrite le tracteur, outil indispensable du fermier.

Mon roman-photo

Petit poussin, **sors de ta coquille !**

La poule pond un œuf presque tous les jours. La plupart du temps, il ne contient pas de poussin. Mais, si la poule s'est accouplée avec un coq, les œufs sont fécondés. Trois semaines après la ponte, les poussins naissent

Ça s'agite dans la basse-cour ! Poules, coqs et canards attendent la naissance des poussins.

Après vingt jours au chaud sous les ailes de maman poule, il est temps de sortir.

À coups de bec, le poussin brise sa coquille.

Oh hisse ! Encore un effort
pour se déplier.

Allez ! Une fois les plumes sèches,
petit poussin part à l'aventure.

Il cherche sa maman…
Dès qu'ils sont séparés, il l'appelle !

Dès le troisième jour, la poule
apprend aux poussins où trouver
à manger.

Les poussins ont faim
et sont pressés de chasser !

Oh ! Quelque chose sort de terre…

Mon roman-photo

Miam, un ver de terre !

Bravo, petit poussin en tient un aussi !

Un bruit ! Vite, les poussins se glissent sous les ailes de maman poule !

C'est le coq ! Avec son puissant cri, c'est lui le chef de la basse-cour.

Il a l'air en colère, mieux vaut partir.

Malgré ses ailes, la poule ne vole pas très bien. Par contre, elle court à toute vitesse !

Le poussin croise le chaton de la ferme. Il est gentil, mais…

… on ne sait jamais ! Maman poule est là pour rappeler les dangers.

Petit poussin a rencontré deux canetons. Ils sont plus gros que lui, mais, au moins, petit poussin ne risque pas de coups de griffes ! Et ils sont doux pour le câlin.

Mon imagier

Dans la basse-cour

Quel remue-ménage ! Les poules picorent, le coq chante, les canards et les oies font trempette, tandis que les dindes et les pintades se perchent ici ou là en criant. Seuls les lapins restent calmes.

La poule
Elle aime se rouler dans la poussière pour se débarrasser de ses parasites.

Le coq
Il porte une griffe de plus que la poule : l'ergot. C'est une arme redoutable !

Le canard
Il produit une huile qui rend son plumage imperméable. Pratique pour la baignade !

La cane
Les canetons suivent leur mère partout en file indienne.

L'oie

Trop lourde pour voler, elle se dandine sur ses pattes palmées en remuant son derrière !

Le jars

Le mâle de l'oie est agressif et peut mordre avec son long bec puissant…

La dinde

Bien plus petite que le dindon, elle se régale de graines, vers, insectes, etc.

Le dindon

Il gonfle sa « trompe » rouge et fait la roue pour séduire les dindes.

La pintade

Elle porte un « casque » dur sur la tête et un plumage noir à petits pois blancs.

Le lapin

Toutes ses dents poussent très vite et sans arrêt. Il grignote de tout pour les user.

Ouvre l'œil !

Anatomie d'une vache

Il existe de nombreuses races de vaches avec des pelages bien différents. On les élève pour leur viande, leur lait ou les deux à la fois. Regarde de plus près comment est constituée la vache.

La panse

Comme l'herbe est très difficile à digérer, son estomac comporte quatre poches (alors que le tien n'en a qu'une !). La plus grosse est la panse.

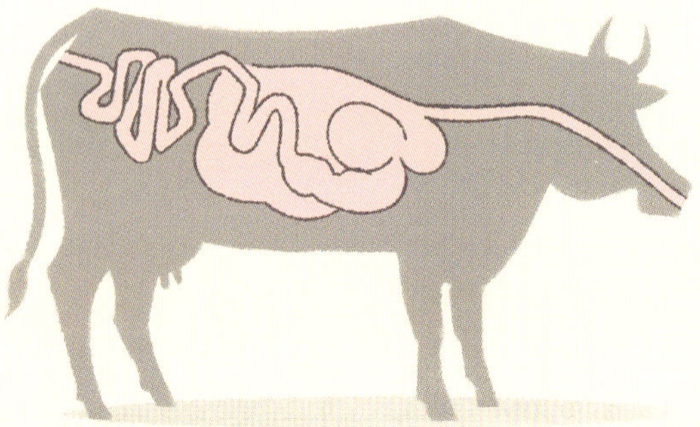

Le pis

Il compte quatre trayons, d'où sort le lait. Chez les vaches laitières, le pis est parfois si gros qu'il les gêne pour marcher !

Portrait de famille

Le veau
On le sépare de sa mère quelques jours après sa naissance.

Le bœuf
Ce mâle a été opéré pour ne pas faire de petits. Il fournit de la viande.

Le taureau
Énorme, il n'est élevé que pour avoir des petits.

Les cornes

Elles sont creuses et ne tombent pas. Leur taille et leur forme varient selon les races.

Le mufle

Le museau de la vache s'appelle le *mufle*. Il est large, nu et toujours humide.

Mon album

D'où vient le lait ?

Une vache n'a pas de lait si elle n'a pas eu d'abord un veau. Elle produit alors du bon lait pendant dix mois. Puis le fermier cesse de la traire pendant deux mois, le temps pour elle de mettre au monde un nouveau petit.

Direction la salle de traite ! On vide le pis des vaches matin et soir, même le week-end, sinon il gonfle trop et leur fait mal.

L'éleveur nettoie les quatre trayons avec de l'eau savonneuse et les sèche.

Il ajuste ensuite les quatre gobelets de la trayeuse électrique sur le pis.

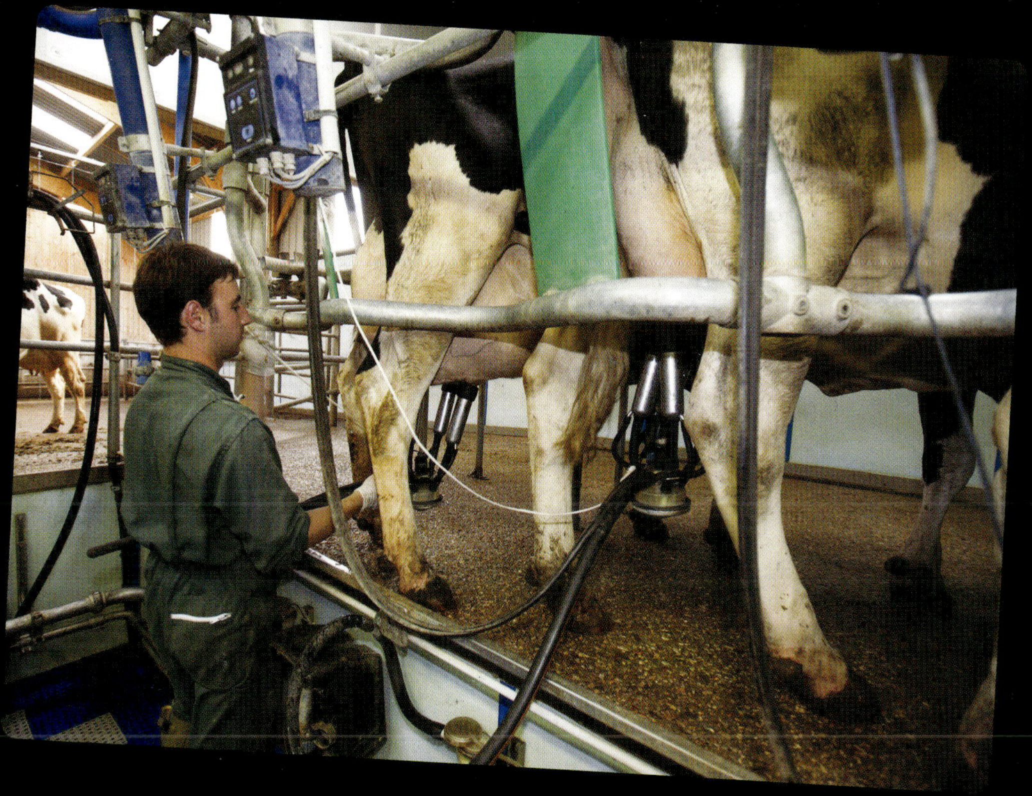

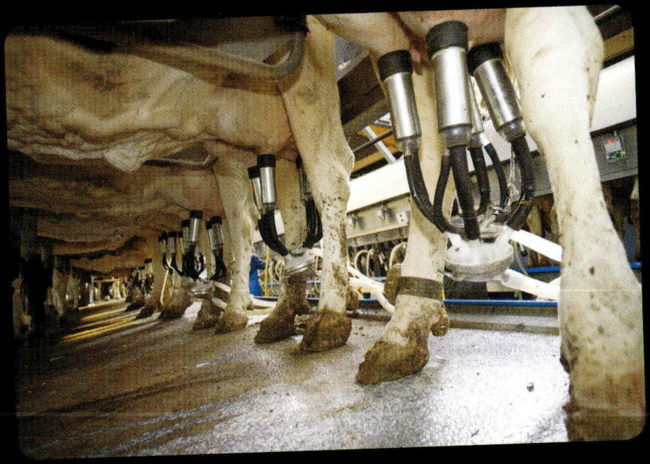

Grâce à cette machine, l'éleveur trait plusieurs vaches en même temps. Le lait est envoyé dans une grosse cuve froide.

Tous les deux jours, le camion-citerne l'emporte à la laiterie, où il est mis en bouteilles ou transformé en produits laitiers (fromage, yaourt...).

À toi de jouer !

Fais tes yaourts

Un yaourt n’est rien d’autre que du lait auquel de gentils microbes ont donné un bon goût et une texture agréable. Avec l’aide d’un adulte et un peu de patience, tu peux en fabriquer chez toi !

De quoi as-tu besoin ?

1 litre de lait

1 yaourt du commerce

7 ou 8 pots en verre

Cocotte-Minute

film plastique ou carrés de tissu

élastiques

1 Demande à un adulte de faire **chauffer** de l'eau dans la Cocotte et de faire bouillir le lait. Il doit ensuite le laisser tiédir.

2 Mets une cuillérée de yaourt dans chaque pot en verre. Ce yaourt apporte les gentils **microbes** : les ferments lactiques.

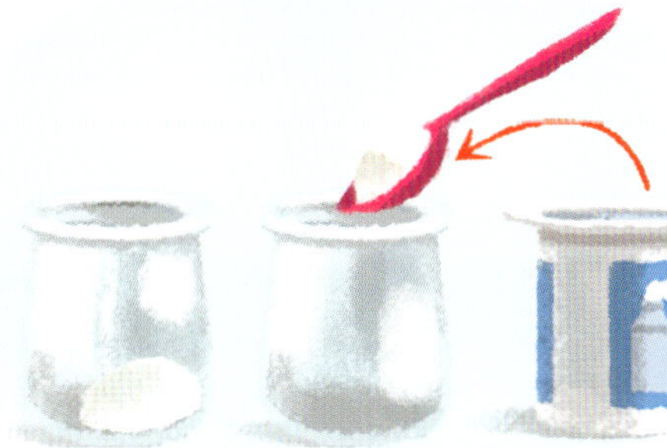

3 **Répartis** le lait tiède dans les pots. Mélange bien et ferme-les avec du film plastique ou du tissu maintenu par un élastique.

4 Demande à l'adulte d'ouvrir la Cocotte et de vider l'eau bouillante, puis **places-y** vite les pots et referme bien la Cocotte.

5 Laisse la Cocotte **au chaud** près d'un radiateur ou au soleil durant au moins 5 heures. Les ferments vont se multiplier.

6 Récupère tes yaourts et laisse-les quelques heures au **réfrigérateur**. Déguste-les nature, avec du sucre ou avec des fruits !

Ouvre l'œil !

La fromagerie

Avec du lait de vache, de chèvre ou de brebis, on élabore du fromage. Le plus souvent il est fabriqué dans des usines. Mais certains éleveurs le font eux-mêmes, comme ici avec le saint-nectaire.

1 Le caillage
Le lait de vache est mis à cailler dans une cuve : il devient solide.

2 Le moulage
On met le caillé dans des moules et on le presse pour le débarrasser du petit-lait.

3 Le salage
Le fromage est démoulé, puis salé pour qu'il forme une belle croûte et prenne du goût.

4 La mise sous presse
Il est mis dans un linge, entouré d'un cercle en métal et pressé pendant 24 heures.

5 Le séchage
Il est lavé, essuyé et placé dans une chambre froide pour sécher pendant 2 à 8 jours.

6 L'affinage
Dans une cave fraîche, il est lavé à l'eau salée, puis retourné et frotté régulièrement. Il s'affine ainsi quelques mois. Miam !

Zoom

C'est quoi ?

Réponses page suivante.

Zoom
C'est quoi ?
Réponses

Le roquefort
On le fabrique avec du lait cru de brebis, uniquement dans le village de Roquefort, dans le sud de la France. Ses taches bleues sont formées par un minuscule champignon.

La bûche de chèvre cendrée
La croûte de ce fromage de chèvre est cendrée avec de la poudre de charbon de bois. C'est ce qui lui donne sa jolie couleur grise.

Le camembert
La croûte de ce fromage au lait de vache est douce comme du velours ! On dit qu'elle est *fleurie*, comme celle du brie ou du coulommiers.

De plus près

Tout sur le mouton

Certains moutons sont élevés pour leur viande, d'autres pour leur lait ou leur laine. Ils vivent en plein air, mais ils sont mis à l'abri dans la bergerie en cas de mauvais temps.

Qui est qui ?
Le bébé mouton s'appelle l'*agneau*, sa maman la *brebis*, et son papa le *bélier*. Le mouton est un mâle qui a été opéré et ne peut plus faire de petits. La brebis peut porter des cornes, comme le bélier.

Restons groupés !

Les moutons passent leur temps à brouter. Ce sont de vraies tondeuses à gazon ! Ils détestent la solitude et vivent en troupeau.

Des vacances à la montagne

Dans les régions où les étés sont très secs, le berger mène le troupeau en montagne. Là-haut, l'herbe reste verte ! Le chien l'accompagne pour surveiller les moutons et les défendre contre les animaux sauvages.

Tondu !

Avec le retour des beaux jours, le tondeur est passé à la bergerie.

Gaston le mouton nous raconte l'épreuve qu'il vient de vivre.

As-tu eu mal ?

Eh bien pas du tout ! J'ai eu très peur au début… Le bruit de la tondeuse électrique est assez inquiétant, et le tondeur a dû me tenir bien fermement, car je gigotais pour m'échapper.

Combien de temps la séance a-t-elle duré ?

À peine 3 minutes ! Le tondeur m'a d'abord assis entre ses jambes. Il a commencé par enlever ma laine sur le ventre, puis sur un côté, sur le dos, et il a terminé par l'autre côté. Ma toison s'est détachée d'une seule pièce !

Comment te sens-tu à présent ?

Plus léger… et plus à l'aise aussi ! Ma laine commençait à former de gros paquets : pas très confortable… En plus, des petites bêtes risquaient de s'y installer et de me rendre malade.

AVANT

APRÈS

Tu n'as pas peur d'avoir froid ?

Pas du tout ! Ma laine pousse en permanence. D'ici à cet automne, j'aurai de nouveau un beau manteau. Et, avant ça, je vais pouvoir profiter de l'été au frais. C'est quand même mieux !

Sais-tu ce que va devenir ta toison ?

Elle va être transportée dans une usine, la *filature*. Là, elle sera lavée, car elle est pleine d'herbe, de terre et de suint, cette graisse qui me protège de la pluie. Puis elle sera démêlée, peignée et filée pour faire des bobines.

Et après ?

Ma laine n'est pas assez douce et fine pour faire des vêtements. Pour cela, on choisit plutôt la laine des moutons mérinos. La mienne servira à fabriquer des tapis, des couvertures, de l'isolant pour des maisons… ou rien du tout !

Comment ça, rien du tout ?!

Avec tous les textiles modernes, la laine de mouton ne vaut plus grand-chose. L'éleveur n'arrive pas toujours à la revendre. Mais la tonte reste indispensable pour notre santé !

Mon roman-photo

La journée de madame la truie

La maman cochon peut avoir 10 à 14 porcelets 3 fois par an. Ces petites boules roses sont élevées pour leur viande : dans quelques mois, elles seront transformées en saucisson ou en jambon.

Bonjour ! La maman cochon, la truie, fait un bisou à son petit.

Le porcelet, rassuré, s'en va faire un petit tour…

… et se serre contre ses frères et sœurs. Le même jour, 10 porcelets sont nés !

La truie laisse ses petits dans la porcherie. À plus tard !

Qu'elle est grosse !
Elle pèse près de 250 kilos !

Elle renifle son repas !
La truie affamée…

… **avale les grains** de blé. Si elle trouve un insecte ou un ver, elle les croque aussi !

Hop, une petite sieste après le déjeuner !

Allez, on repart !

Direction le bain… de boue bien sûr !

Elle trempe un sabot dans l'eau…

Quelle bonne boue ! Devant, derrière, elle s'en met partout !

Slurp ! Un coup de langue sur son nez aplati, le groin.

Cette boue la protège du soleil et des insectes.

Mais qui voilà ? Les porcelets se sont échappés ! Leurs poils blancs, les soies, brillent au soleil.

Coucou !

Les plus gourmands commencent à téter. Voilà pourquoi leur maman leur avait manqué !

La souris
La gloutonne se régale des grains, fruits, fromages et autres produits de la ferme. Mais, si le chat l'attrape, il n'en fera qu'une bouchée !

Kaléidoscope

Compagnons... et clandestins

Dans la ferme ou pas très loin se cachent de petits coquins gourmands qui ne sont pas les bienvenus. Heureusement, les compagnons du fermier veillent au grain !

Le chien
Il aide l'éleveur à rassembler son troupeau. Et, si un renard s'approche du poulailler, il aboie fort pour le faire fuir.

Le cheval et l'âne

Autrefois ils aidaient aux travaux de la ferme ; aujourd'hui ils sont remplacés par les tracteurs, mais tiennent compagnie aux agriculteurs !

La chouette

Cachée dans le grenier ou la grange pendant la journée, elle chasse les souris et les mulots dès que la nuit tombe.

La fouine

Le grillage du poulailler doit être bien entretenu. Sinon, gare à cette acrobate, qui se glisse à l'intérieur et chipe un œuf !

Tintamarre à la ferme

Quel tohu-bohu ! Dans une ferme, ça meugle, ça glougloute et ça cancane. Chaque animal a un cri particulier qui porte un nom bien à lui.

Câââ câââ !
L'oie cacarde ou criaille.

Meuuuuuh !
La vache meugle.

Coin-coin !
Le canard cancane.

Groin-groin !
Le cochon grogne ou grouine.

Glouglou !
Le dindon glougloute.

Cocorico !
Le coq chante ou coqueline.

Bêêêêêê !
Le mouton bêle.

Hi-han !
L'âne brait.

Cot cot cot codette !
La poule caquette et glousse.

Une histoire

Lisa, la vétérinaire étourdie

de Pascale Hédelin

LISA EST UNE VÉTÉRINAIRE DE CAMPAGNE DÉBUTANTE : elle adore soigner les animaux. Son seul souci ? Elle est étourdie…

Ce jour-là, elle doit se rendre pour la première fois à la ferme des Trois-Poulettes pour y vacciner le cochon Zonzon. Ainsi, il sera protégé des maladies.

Soudain sa petite voiture tombe en panne.
« Zut, j'ai oublié de faire le plein d'essence ! », constate Lisa.
Simon le fermier vient la remorquer avec son tracteur, en riant doucement.

À la ferme des Trois-Poulettes, les animaux sont contrariés de voir arriver la jeune femme.

« Elle a l'air bizarre, commente Mirabelle la vache.

— Et elle est maigre comme un haricot ! poursuit Cookie le coq.

— Moi, j'aimais mieux Pierre, notre ancien vétérinaire, glisse Zonzon le cochon.

— Zonzon, ne t'approche pas ! crie Mirabelle. Tu ne sens vraiment pas la rose… »

Le cochon obéit en soupirant tristement.

Lisa fait comme si elle n'avait rien entendu, et pour les rassurer s'exclame :

« Pas de souci, les amis, vous pouvez me faire confiance ! »

Mais, au moment de vacciner Zonzon, Lisa s'aperçoit qu'à la place du flacon de vaccin elle a emporté… son parfum !

« Oups, je suis désolée ! », s'excuse-t-elle.

Les animaux se moquent. Seul Zonzon ne rit pas. Il semble troublé, et Lisa croit savoir pourquoi.

À cet instant, Cookie le coq rit si fort qu'il dégringole de son perchoir et se tord la patte. Lisa lui fait aussitôt un beau bandage. Cookie est stupéfait : quelle efficacité !

Et voilà que Mirabelle s'écrie :
« Alerte ! Mon bébé va naître ! »
Simon le fermier s'inquiète : c'est plus tôt que prévu...
Mais, heureusement, Lisa est là. Elle aide Mirabelle, qui bientôt donne vie à un adorable veau. Tous félicitent la jeune vétérinaire !

Avant de s'en aller, Lisa offre à Zonzon son flacon de parfum emporté par erreur.
« Je sais pourquoi tu es triste, lui chuchote-t-elle. Avec ce parfum, on ne te dira plus que tu sens mauvais.
— Oh, merci, Lisa !
— Je reviendrai demain pour ton vaccin, précise Lisa. Et, cette fois, pas d'étourderie ! »

Mais, en repartant dans sa petite voiture, elle se trompe de chemin... et se retrouve dans le champ de blé !

Ouvre l'œil !

Ça pousse dans le potager !

Dans son potager, le fermier fait pousser les fruits et légumes qu'il mange à la maison. Ceux que tu achètes au marché ou au magasin sont cultivés dans de grands champs ou sous serre par des agriculteurs qu'on appelle les *maraîchers*.

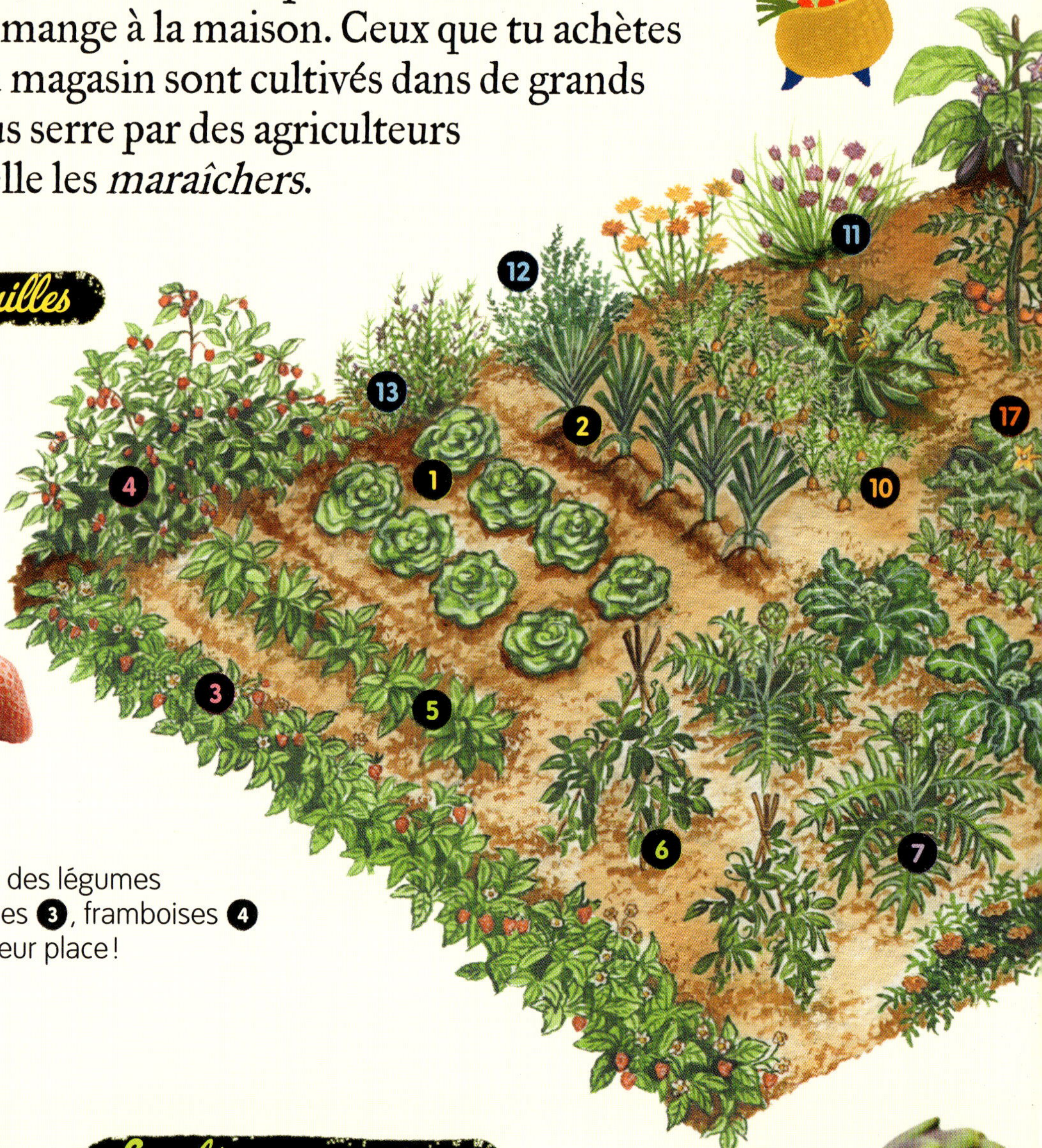

Les légumes-feuilles

salade ❶, poireau ❷

Les fruits

On ne trouve pas que des légumes dans le potager : fraises ❸, framboises ❹ ou cassis y ont aussi leur place !

Les légumes-graines

Dans le haricot ❺, tu manges la gousse et les graines, alors que tu ne consommes que les graines des petits pois ❻ !

Les légumes-fruits

La tomate 16, la courgette 17 et l'aubergine 18 naissent de la transformation d'une fleur : ce sont des fruits !

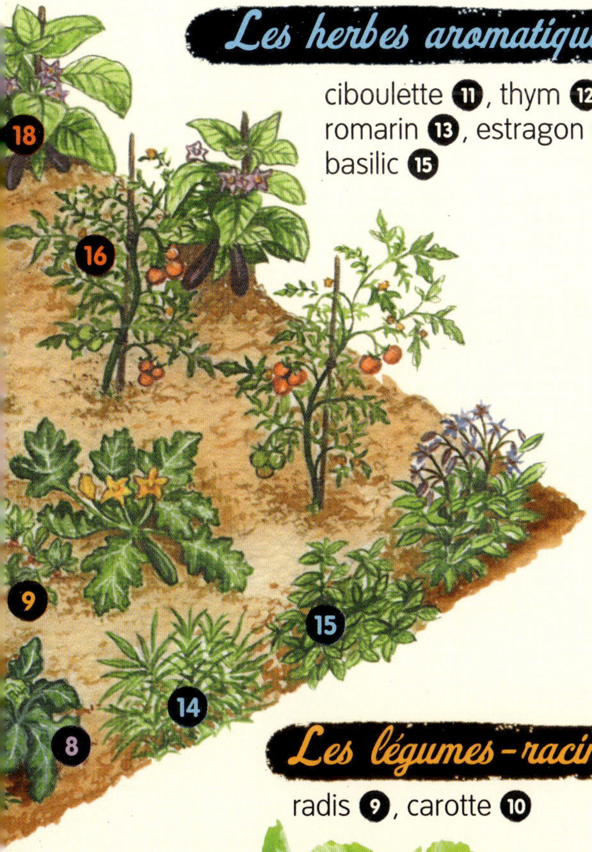

Les herbes aromatiques

ciboulette 11, thym 12, romarin 13, estragon 14, basilic 15

Les légumes-racines

radis 9, carotte 10

Les légumes-fleurs

L'artichaut 7 et le brocoli 8 sont en fait des boutons de fleur cueillis juste avant qu'ils ne s'ouvrent.

Zoom

C'est quoi ?

Réponses page suivante.

Zoom

C'est quoi ?

Réponses

La carotte

Cette racine orange est délicieuse crue ou cuite. Comme elle est naturellement sucrée, on peut en faire des gâteaux !

Le poireau

C'est le roi de la soupe ! Sa tige enterrée, le *fût*, reste blanche et tendre, tandis que ses feuilles vertes forment un mini-palmier.

Le poivron

Sa couleur dépend de la variété, mais aussi du stade de mûrissement. Ainsi, un poivron vert virera au jaune ou au rouge s'il est cueilli bien mûr !

À toi de jouer !

Plante des haricots

Si tu as un jardin, réserve un coin pour créer ton mini-potager. Sinon, réalise tes plantations dans des pots et place-les sur ton balcon !

De quoi as-tu besoin ?

1 **Décompacte** la terre du jardin avec une fourchette ou remplis les pots d'un mélange terre/terreau/compost.

2 **Sème** « en poquets » : enfonce 6 graines dans un trou, à 2 centimètres de profondeur. Tasse un peu à la main.

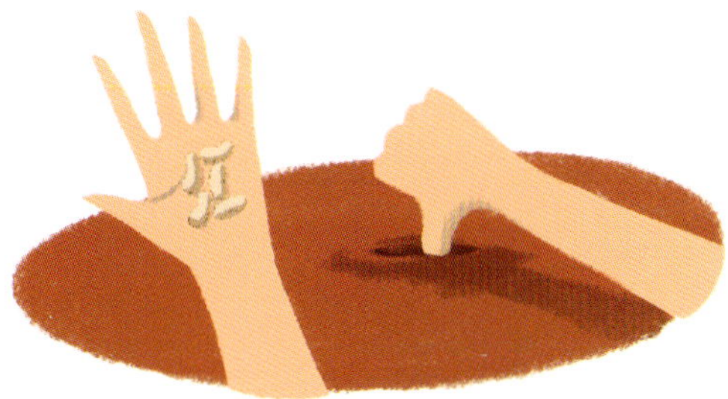

3 Si tu as de la place, **recommence** l'opération toutes les 3 semaines jusqu'en août. Espace tes poquets de 50 centimètres.

4 Quand tes plants atteignent quelques centimètres, **éclaircis** : retire les plus faibles pour n'en garder que 3 ou 4 par poquet.

5 Puis, à 15 centimètres, **butte-les** : remonte de la terre sur les pieds. **Arrose** un peu tous les jours à la base du plant.

6 Au bout de 2 mois, **récolte** tes premières gousses ! Cueille-les très jeunes : elles seront tendres et sans fils.

Mon imagier

Dans le verger

Le fermier fait pousser des arbres fruitiers dans le verger. Au printemps, quand les arbres sont couverts de fleurs, c'est magnifique ! Elles se transformeront en fruits délicieux. Vivement l'été ou l'automne !

Le pommier
Les pommes sont mûres en automne. Chaque variété a une couleur et un goût différents !

Le poirier
En automne, ses branches forment des arches : elles ploient sous le poids des poires !

Le pêcher
La peau de la pêche est duveteuse.

Le prunier

Qu'elles soient jaunes, vertes ou violettes, les prunes sont recouvertes d'une cire blanche.

Le cerisier

En juin, quand ses fruits poussent par deux ou trois, on se fait des boucles d'oreilles !

L'abricotier

Ce joli fruit orangé colore nos étés. On le récolte de juin à août.

Le noyer

La noix est bien protégée dans son noyau brun très dur, lui-même au cœur d'un fruit arrondi tout vert.

Le figuier

La figue n'est pas un vrai fruit : ce petit sac de chair si juteuse renferme en fait des centaines de fleurs minuscules !

Mon album

Au fil des saisons

À la ferme, on ne s'ennuie jamais ! Que ce soit en automne, en hiver, au printemps ou en été, il y a du travail toute l'année ; mais les travaux ne sont pas les mêmes d'une saison à l'autre.

En automne...

En automne, on travaille la terre : on l'aère avec la charrue, on la nourrit avec de l'engrais, puis on sème les graines.

Que de bébés dans la ferme ! Les veaux, les agneaux et les porcelets viennent de naître, ils tètent leurs mères.

C'est l'époque de la cueillette des pommes, poires, noix et châtaignes. On récolte aussi le raisin dans les vignes.

En hiver...

La terre est gelée, les machines restent au hangar. L'agriculteur en profite pour les nettoyer et les réparer.

Les arbres vivent au ralenti. C'est le bon moment pour tailler ceux du verger : ils donneront des fruits plus gros !

Il n'y a plus d'herbe à brouter et il fait froid. Le bétail va passer l'hiver à l'abri, dans l'étable ou la chèvrerie.

Au printemps...

Miam, l'herbe est bien grasse au printemps ! Les troupeaux retournent brouter à l'air libre.

En peu de temps, les herbes poussent haut. On les coupe et on les sèche pour faire du foin qui nourrira les bêtes en hiver.

Au verger, les abeilles travaillent dur ! Elles transportent le pollen d'une fleur à l'autre. Il y aura bientôt des fruits !

En été...

Les champs de céréales sont tout jaunes : on les moissonne et on stocke le grain dans de grands silos.

On cueille la plupart des fruits du verger et les légumes qui poussent en plein champ, avant de les trier et de les transporter sur des palettes.

Il fait chaud ! Il faut apporter de l'eau aux animaux, qui recherchent l'ombre des arbres pour se reposer.

Mon imagier

Que de machines !

Le tracteur est l'engin star de la ferme. Comme on peut lui atteler différentes machines, il sert à tous les travaux des champs.

Le tracteur
Grâce aux profonds dessins de ses pneus, il roule sans problème dans la boue.

L'épandeur
Il projette de l'engrais ou du fumier dans le champ pour nourrir la terre avant les labours.

La charrue
Elle sert à labourer la terre. Ses grosses dents, les *socs*, la retournent pour l'aérer et la mélanger à l'engrais.

La herse
Elle casse en petits morceaux les grosses mottes de terre formées par la charrue.

Le semoir
Il creuse des sillons dans lesquels il sèmeles graines : il les projette puis recouvre le tout de terre.

La rampe d'irrigation
Très longue, elle arrose de grandes surfaces de champ en une seule fois.

La moissonneuse-batteuse
Machine indispensable pour la récolte, elle coupe le blé et sépare le grain de la tige.

La remorque
Le grain est vidé dans la remorque quand le réservoir de la moissonneuse est plein.

La botteleuse
Avec les tiges de céréales, elle forme de gros rouleaux de paille : les balles.

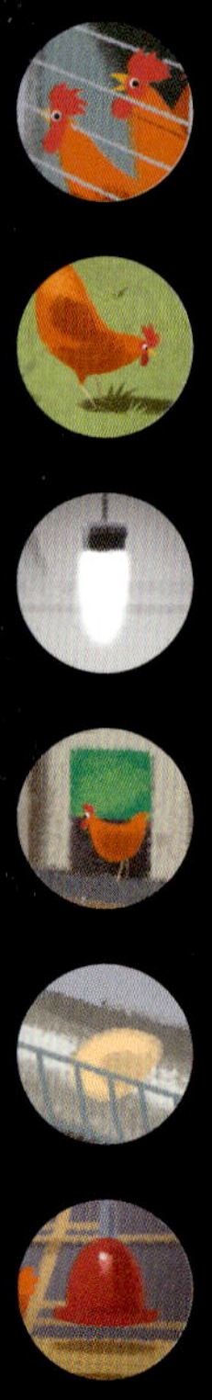

Cherche et trouve

Poules en plein air...

La vie des poules est bien différente selon qu'elles sont élevées en plein air ou en cage. Observe bien les deux scènes et retrouve les six dessins ci-contre.

Les nids
Chaque matin, l'éleveur ramasse les œufs pondus par les poules dans les nids.

Les trappes
Les poules vont et viennent dans le poulailler à leur guise. Les portes sont fermées la nuit seulement.

... ou en cage

Les lampes
Les poules ne voient jamais la lumière du jour. Les lumières restent allumées pendant la journée et sont éteintes la nuit.

Les cages
Impossible de courir ni même d'ouvrir les ailes dans ces petites cages !

En plein air
Dehors, les poules courent, picorent des vers, prennent des bains de poussière…

2

La drôle de journée de Benoît le fermier

de Pascale Hédelin

COMME TOUS LES JOURS, BENOÎT SE LÈVE TRÈS TÔT. Il a tant de choses à faire dans sa ferme ! Mais cette journée commence mal : il renverse son café, ce qui le met de très mauvaise humeur. Peu après, en traversant sa maison vide, il devient plus tristounet que grognon : il en a vraiment assez de vivre seul…

À l'étable, mauvaise surprise : la machine pour traire les vaches est en panne !
« Mouuuh ! On a mal aux mamelles,
on a besoin d'être traites !
se plaignent ces demoiselles.
— Ne vous inquiétez pas, mes belles,
je m'en occupe », leur promet le fermier.
Il lui faut du temps pour réparer l'engin,
mais enfin il y parvient !

Au potager, autre problème :
le vent, qui souffle fort depuis la veille, a arraché la clôture. Elle s'est effondrée sur les fraises et en a écrasé beaucoup. Patiemment, Benoît la redresse, puis il ramasse toutes les fraises abîmées. Elles sont bonnes à jeter !

Il tourne la tête… Catastrophe dans les champs de colza !
Un, deux… trois chevreuils sont en train de grignoter ses cultures !
« Allez-vous-en, vilains gourmands ! », se fâche Benoît en faisant de grands gestes pour les chasser.
Les chevreuils n'ont pas peur de lui, ils savent que le fermier ne leur fera pas de mal. Ils le regardent d'un air moqueur et finissent tranquillement de dévaster son champ. Quelle journée infernale !
Benoît est très contrarié…

Et voilà que le vent lui arrache son chapeau. Il y tient beaucoup : c'est un cadeau de son père. Il s'élance à sa poursuite à travers champs. Il court, court et… se retrouve soudain nez à nez avec une jeune femme qui lui tend son chapeau en souriant :
« Bonjour, je suis votre nouvelle voisine, Fanny. Je viens de m'installer dans une petite ferme à côté pour élever des chèvres et des lapins en liberté.
— Bonjour, euh, merci », répond timidement Benoît, soudain aussi rouge qu'une cerise.
Comme elle est charmante ! Tous deux ne se quittent plus des yeux…

Finalement c'était un jour de chance pour Benoît. Car depuis tout a changé. Finie, la solitude : maintenant il vit avec Fanny, et ils ont réuni leurs fermes. Le matin, tous deux se lèvent de bonne humeur. Et les journées sont belles !

Mon album

Des fermes originales

Certains agriculteurs élèvent des animaux très différents des vaches, des poules et des cochons. On ne cultive pas non plus que des fruits et légumes dans les exploitations. Pars à la découverte de fermes d'un autre genre !

L'horticulteur plante des fleurs dans d'immenses champs ou de grandes serres. Elles serviront à décorer ta maison ou les rues de ta ville.

L'apiculteur élève des abeilles dans ses ruches. Il récupère du miel, de la gelée royale, ou encore de la cire pour faire des bougies ou du savon.

Le riz pousse dans l'eau. On le cultive surtout en Asie, mais aussi en Camargue, dans le sud de la France.

Certains agriculteurs choisissent d'élever des autruches ou des bisons. Leur viande se retrouve à côté du porc et du bœuf au rayon boucherie !

La mer est un grand champ bleu dans lequel on élève des poissons, des huîtres et des moules !

L'index

Crédit photographique

COUVERTURE : IStockphoto : Photomorphic (tracteur) ; Tsekhmister (cochon) ; TokenPhoto (botte de paille de droite) ; Bahadir Tanriover (vache) ; Creativeye99 (panier de légumes). **Arioko :** Watier (poule et poussin). **Autre :** DR (botte de paille centrale).
QUATRIÈME DE COUVERTURE : Arioko : Watier (mouton, poivrons, fromage) ; Rocher (vache). **IStockphoto :** RedHelga (haricots) ; Gelpi. **Autre :** Mathieu Pujol (cochon).
INTÉRIEUR : Arioko : 10-13 : tout Watier, sauf Simon (coquille + bec) ; 16-17 : Rocher (visuel central) ; 17 : Watier (g et m) ; 18-19 : Watier ; 23-24 : Watier ; 26 : Labat/Rouquette (h), Lemoine (bg), PeterJSeager (bd) ; 27 : Pattyn (g), Greyo (m), Watier (d) ; 32 : Watier (b) ; 40 : Labat/Rouquette (bg) ; 41 : Watier (hd, md et bd) ; 42 : Watier (b) ; 46-49 : Watier ; 58 : Watier (h), Lucky (b) ; 59 : Watier (m et b). **Biosphoto :** 32 : Ernie James/Photoshot (h) ; 33 : J.-L. Klein et M.-L. Hubert (h), Régis Cavignaux (m), Fabrice Simon (b). **IStockphoto :** 20 : Nanisimova ; 40 : Molka (h), Creativeye99 (d) ; 41 : Tomboy2290 (hg), Yasonya (bg) ; 42 : Kgfoto (h), Suzifoo (m), RedHelga (visuel central) ; 59 : Olyniteowl (h). **Mathieu Pujol :** 28-31.
Les romans-photos « Petit poussin, sors de ta coquille ! » (p. 10-13) et « La journée de madame la truie » (p. 28-31) sont extraits des numéros 277 et 263 du magazine *Wakou*.

500 000

C'est le nombre de fermes que compte la France.

1 ferme sur 20

En France, seule 1 ferme sur 20 pratique une agriculture biologique, respectueuse de l'environnement.

Plus de la moitié de la France

Dans notre pays, plus de la moitié des terres sont cultivées.

300 œufs

Une poule pondeuse pond 1 œuf par jour (sauf en hiver). Elle produit donc environ 300 œufs par an.

40 lapereaux

4 fois par an, la lapine peut avoir une portée de 10 petits.